797,885 Books

are available to read at

www.ForgottenBooks.com

Forgotten Books' App
Available for mobile, tablet & eReader

ISBN 978-1-5276-2683-6
PIBN 10651348

This book is a reproduction of an important historical work. Forgotten Books uses
state-of-the-art technology to digitally reconstruct the work, preserving the original format
whilst repairing imperfections present in the aged copy. In rare cases, an imperfection in
the original, such as a blemish or missing page, may be replicated in our edition. We do,
however, repair the vast majority of imperfections successfully; any imperfections that
remain are intentionally left to preserve the state of such historical works.

Forgotten Books is a registered trademark of FB &c Ltd.
Copyright © 2017 FB &c Ltd.
FB &c Ltd, Dalton House, 60 Windsor Avenue, London, SW19 2RR.
Company number 08720141. Registered in England and Wales.

For support please visit www.forgottenbooks.com

1 MONTH OF FREE READING

at

www.ForgottenBooks.com

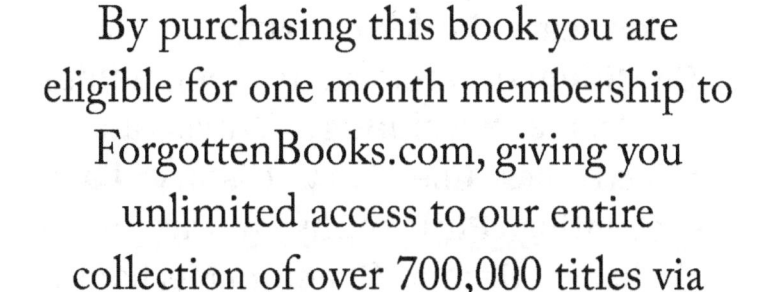

By purchasing this book you are eligible for one month membership to ForgottenBooks.com, giving you unlimited access to our entire collection of over 700,000 titles via our web site and mobile apps.

To claim your free month visit: www.forgottenbooks.com/free651348

* Offer is valid for 45 days from date of purchase. Terms and conditions apply.

English
Français
Deutsche
Italiano
Español
Português

www.forgottenbooks.com

Mythology Photography **Fiction** Fishing Christianity **Art** Cooking Essays Buddhism Freemasonry Medicine **Biology** Music **Ancient Egypt** Evolution Carpentry Physics Dance Geology **Mathematics** Fitness Shakespeare **Folklore** Yoga Marketing **Confidence** Immortality Biographies Poetry **Psychology** Witchcraft Electronics Chemistry History **Law** Accounting **Philosophy** Anthropology Alchemy Drama Quantum Mechanics Atheism Sexual Health **Ancient History Entrepreneurship** Languages Sport Paleontology Needlework Islam **Metaphysics** Investment Archaeology Parenting Statistics Criminology **Motivational**

LA CABALE AU VILLAGE,

COMÉDIE

EN UN ACTE, MÊLÉE DE COUPLETS,

Par M. SIMONNIN.

Représentée, pour la première fois, à Paris, sur le Théâtre des Variétés, le 12 Mars, 1814.

Prix : 1 fr. 25 c.

PARIS,

Chez FAGES, Libraire, au Magasin de pièces de théâtre, Boulevard Saint-Martin, n°. 29. vis-à-vis la rue de Lancry.

De l'Imprimerie de HOCQUET, rue du Faubourg Montmartre, n°. 4.

1814.

PERSONNAGES.	ACTEURS.
LE COLONEL d'Héricourt.	M. *Cazot.*
SUZETTE, Jeune Villageoise.	Mlle. *Aldegonde.*
DELAGRIFFONNADE, Greffier, borgne et boiteux.	M. *Melcourt.*
BATIFOLARD, ancien Bailly.	M. *Potier.*
PATAPHLARD, Tabéllion.	M. *Dubois.*
A.B.C, Magister.	M. *Brunet.*
LUCAS.	M. *Vernet.*
BLAISE.	M. *Lefèvre.*
ANDRÉ.	M. *Odry.*

Autres Villageois et Villageoises.

La scène est dans un village. Le théâtre réprésente une place publique.

S'adresser, pour les airs, à M. Gilbert chef d'orchestre, au théâtre des Variétés, ou rue de la Vrillère, vis-à-vis la Banque de France.

LA CABALE AU VILLAGE.

COMÉDIE EN UN ACTE.

SCENE PREMIERE.

SUZETTE *seule.*

(*Elle apporte un carton à ouvrage de femme.*)

Allons reporter cet ouvrage.... il y en a bien peu ! J'ons cependant travaillé toute la nuit.... C'est pourtant ben dur que je n'puissions pas gagner assez pour suffire aux besoins de ma pauvre tante qu'est infirme ; elle n'a d'autres secours que de moi, et moi j'n'en ai d'qui qu'ce soit.... Quand on est orpheline personne ne s'intéresse à vous.

RONDEAU de M. Tourterelle.

Vous qui r'cevez d'un bon père,
Ou de la plus tendre mère,
Les baisers chaque matin ;
Quand je me plains du sort contraire,
Benissez votre heureux destin.

C'est une règle assez commune,
Plus d'un ami trompe chaqu' jour ;
L'un nous aim' pour notre fortune ;
L'aut' nous aim' pour nous fair' la cour,
Mais un père, un' mèr' douce et bonne
Veillent toujours à nos intérêts ;
V'là les amis que l'ciel nous donne ;
Et ceux-là ne trompent jamais.

Vous qui r'cevez d'un bon père, etc.

SCENE II.

SUZETTE, LUCAS, BLAISE, ANDRÉ.

LUCAS.

Ah ! v'là mamselle Suzette !

BLAISE.

Mamselle Suzette, j'vous souhaitons l'bonjour.

ANDRÉ.

Et moi itou, mamselle Suzette.

SUZETTE.

Bonjour, messieurs.

LUCAS.

Où c'que vous allez donc comm'çà drès le matin ?

BLAISE.

Pardienne, çà s'voit que d'reste, alle va r'porter son ouvrage.

SUZETTE.

C'est vrai.

ANDRÉ.

Comme vous travaillez !

LUCAS.

J'parions qu'vous travaillez plus qu'nous.

BLAISE.

Je n'sais pas comment qu'vous y résistez.

SUZETTE.

C'est qu'vous n'savez pas que j'travaille pour ma pauvre tante.

Air nouveau de M. Tourterelle.

> De ma bonn' mère elle est la sœur,
> Et quand je soulag' sa misère,
> Je me plais à tromper mon cœur
> Et je crois soulager ma mère.
> Vous voyez sans plus grand détail,
> Que j'suis sûr' de ma récompense,
> Et n'a pas qui veut du travail
> Qui se trouve payé d'avance.

LUCAS.

Jarnigoi ! si j'avais tant seulement un p'tit avoir de rien, pour faire un p'tit fond d'ménage et qu'vous voulissiez d'moi, mamzelle Suzette...

SUZETTE.

Vous êtes ben bon, monsieur Lucas, mais je n'pouvons pas penser à me marier dans la position où j'sommes.

BLAISE.

C'est dommage, car c'tit là qui vous épousera aura une petite femme ben gentille.

ANDRÉ.

C'est vrai qu' pour c' qui est d' la gentillesse.

Air : *Ah! qu'il est doux de vendanger.*

Vous avez d'beaux yeux, d'jolis bras,
L'pied comme on n'en voit pas ;
Depuis long-tems j'savons ben ça
Oui, je l'savons, mais j'gage
Qu'l'homme qui vous épousera
    En saura davantage.

LUCAS.

J'suis heureux, je n'm'en défends pas,
Quand j'pense à vos appas ;
En vous r'gardant on a déjà
Ben du plaisir ; mais j'gage,
Qu'l'époux qui vous plaira
    En aura davantage.

BLAISE.

Songez qu'vot' mari seul aura
L'droit d'vous flatter comm' ça ;
P'tète que tous ces complimens-là
Vous touchent ; mais je gage,
Qu'l'époux qui vous aim'ra
    Vous touch'ra davantage.

SUZETTE.

Orpheline et sans bien, je n'peux pas songer à me marier, avec la meilleure volonté du monde.

BLAISE.

On m'avait pourtant dit que l'père Mathurin devait vous épouser.

LUCAS.

Lui ?... il est réputé pour le plus grand paresseux du village.

Air: *de la Partie quarrée.*

Aucun obstac' jamais n'arrête,
Ni vot' courage, ni votre main ;
Vous travaillez dimanche et fete,
Vous travaillez soir et matin ;
Et puisqu'enfin vous aimez tant l'ouvrage,
Oh ! d'honneur je vous plaindrais bien,
Si l'Dieu d'hymen vous donnait en partage.
    Un mari qui n'fit rien.

SUZETTE.

C'est possible, mais j'vous répète que je n'peux pas penser au mariage à présent... Pardon, v'là l'heure où j'vas trouver not' monde.

TOUS TROIS.

Adieu, mademoiselle Suzette.

LUCAS.

Ne vous affligez pas.

SUZETTE.

M'affliger !... au contraire.

Air *nouveau de M. Tourterelle.*

De tout quand le sort me prive,
Le courage est mon appui ;
Jamais le chagrin n'arrive
Quand on n' va pas au-devant de lui.

TOUS

De tout quand le sort, etc.

BLAISE.

Le ciel, même à l'indigence,
Voulant prouver sa bonté,
Au dessus d'elle mit l'espérance,
Et près d'elle mit la gaité.

TOUS.

De tout quand le sort me prive, etc.
vous

(*Suzette sort.*)

SCENE III.

LUCAS, BLAISE, ANDRE.

LUCAS.

Elle est vraiment bien intéressante

BLAISE.

Et si sage.

ANDRÉ.

Et si laborieuse.

LUCAS.

Et si jolie.

ANDRÉ.

J' gage que tu l'aimerais.

LUCAS.

Non je ne l'aim'rais pas.

BLAISE.

Bah !

LUCAS.

Non, car je l'aime.

BLAISE.

Et tu n'es pas le seul.

ANDRÉ.

Ni toi non plus.

LUCAS.

Vraiment, nous aimons tous trois Suzette, n'est-c'pas ? eh

ben, agissons en honnêtes garçons: ne lui déclarons not' amour ni les uns, ni les autres.

BLAISE.

Pourquoi?

LUCAS.

Parc' qu'il n'y en a pas un d'nous qui puisse la rendre plus riche en l'épousant.

Air : *Si Pauline est dans l'indigence.*

J' somm's pauvr's, elle est dans l'indigence,
Je n' pouvons pas former des nœuds;
Il est clair que cette alliance
Au lieu d'un, f'rait deux malheureux.

BLAISE.

C'est tout l' contraire en mariage,
Et j' puis le prouver à chacun;
Y a moins d' malheureux en ménage,
Puisque les deux n'en font plus qu'un.

LUCAS.

Tout ça est d' la plaisanterie, et il ne faut pas plaisanter.

ANDRÉ.

Non, ne l'épousons pas, puisque je n' pouvons pas faire son bonheur.

LUCAS.

Bien, mes amis, v'là c' qui s'appelle parler.

ANDRÉ.

Ah ça, oui, mais n'oublions pas qu' c'est aujourd'hui que le colonel D'héricourt arrive.

LUCAS.

Et qu' M. le Greffier doit nommer trois personnes pour présenter à M. d'Héricourt, des bouquets et des chansons.

BLAISE.

Quel honneur pour ceux qu' M. le Greffier choisira!

ANDRÉ.

Il m'a fait entendre qu'il pensait à nous.

LUCAS.

Diable! mais qu'est c' que j' pourrons lui dire à c' colonel?

ANDRÉ.

Oui.... qu'est-c' que j' lui dirons?

BLAISE.

Vous v'là ben embarrassés; est-c' que l' colonel n'est pas un militaire?

LUCAS.

Eh ben oui ; après !

BLAISE.

Eh ben ! n' faut pas tant de façon :

Air: *Du vaudeville du Printems.*

J' lui parl'rons d' la reconnaissance
Que nous avons pour des vainqueurs ;
J' lui dirons qu'avec tout' la France
Je bénissons nos défenseurs :
On est, en disant c' qu'on éprouve,
Bien certain d' plaire et de toucher ;
Et le sentiment que l'on trouve
Vaut mieux qu' l'esprit qu'on veut chercher.

ANDRÉ.

Le colonel est généreux, il donn'ra un joli pour-boire à celui qui lui parlera.

LUCAS.

Si c'était moi, j'sais ben c'que je ferais, je recevrais la somme et j'en f'rais présent à c'te pauv' Suzette.

ANDRÉ.

T'as 'encore là une bonne idée, toi.

BLAISE.

Ma fine oui.

LUCAS.

Vous trouvez ça ?... eh ben c'est conv'nu ; celui qui portera la parole au colonel enverra la récompense à Suzette sans qu'elle sache d'où ça viendra.

BLAISE.

C'est dit.

LUCAS.

Air : *Vaud. de l'Ecu de six francs.*

Grâce à notre délicatesse,
Ne pouvant pas nous deviner,
Suzette sera la maîtresse
De recevoir sans rien donner.

ANDRÉ.

Jurons donc, chacun en bon drille,
De lui remettre ce que j' gagnerons ;

BLAISE.

Jurons que l' pot d' vin des garçons
S'ra pour les éping's de la fille.

TOUS.

Jurons, etc.

SCNE IV.

Les Mêmes, le GREFFIER.

LE GREFFIER.

Quest-c' que c'est, qu'est-c' que c'est que tout ce bruit-là ? Pourquoi n'est-on pas à l'ouvrage ?

BLAISE.

Et qu'est-ce que ça fait, M. le greffier ?

LE GREFFIER.

Ce que ça fait qu'on ne fasse rien ?... ça fait beaucoup.

LUCAS.

Vous savez ben qu'on est dans la joie, parce qu'on attend monsieur le colonel.

LE GREFFIER.

Il faut l'attendre en travaillant. Si je ne vous disais rien, vous resteriez tous les bras croisés, voilà ce qui arriverait quand il arrivera.

ANDRÉ.

Mais...

LE GREFFIER.

Il n'y a point de mais, il faut travailler.

Air : Tenez, moi je suis un bon homme.

Je suis l'inspecteur du village ;
Et ce qui plaît au colonel
C'est qu'on soit toujours à l'ouvrage,
Là-dessus son ordre est formel.
Votre paresse ainsi m'expose ;
Il sera mécontent, je crois,
De voir que chacun se repose
Quand il se repose sur moi.

LUCAS.

Et sait-on à quelle heure il arrive ?

LE GREFFIER.

On est incertain du moment : tantôt on dit qu'il viendra ce matin, et tantôt, tantôt.

LUCAS.

Et à quelle heure choisissez-vous les trois garçons qui doivent le complimenter ?

La Cabale.

LE GREFFIER.

A midi précis.

LUCAS.

M. le greffier, vous ne nous oublierez pas, n'est-ce pas ?

BLAISE.

Vous penserez à nous, monsieur le greffier ?

ANDRÉ.

J' comptons sur vous, M. le greffier ?...

LE GREFFIER

Air : *De la Ronde des Petits Braconniers.*

Bien, bien,
Ne craignez rien ;
Je vous invite
A r' venir au plus vite.
Bien, bien,
Ne craignez rien ;
On ne craint rien
Quand on m'a pour soutien.

BLAISE.

Monsieur le greffier,
N' faut pas oublier,
Qu'on fait l' plus grand cas
D' notre ami Lucas.

ANDRE

Blaise est bon enfant,
Actif, obligeant ;

LUCAS.

Partout André plait,
C'est un garçon parfait.

TOUS.

Bien, bien,
Ne craignons rien,
Il nous invite, etc.

(*André, Blaise et Lucas, sortent bras dessus bras dessous.*)

SCENE V.

LE GREFFIER, *seul.*

Ah ! çà, il faut que je me montre digne de la confiance que madame la baronne a bien voulu avoir en moi. Relisons sa lettre pour ma gouverne (*il lit.*) » Mon cher greffier, mon fils le co-
» lonel d'Héricourt, veut aller passer quelques jours à mon châ-
» teau ; il y arrivera le 27.-- c'est bien aujourd'hui. — Je vous
» charge de choisir, parmi vos villageois, les trois garçons qui
» ont la meilleure tournure, pour présenter à mon fils des

« fleurs et des couplets. Je compte sur votre impartialité!...
                    La baronne d'Héricourt.

Je dis que voilà une lettre précise. Je suis à peu près décidé... André, Blaise et Lucas, me paraissent les plus aptes... et quand tout le monde sera assemblé... Eh bien, qui est-ce qui vient donc me déranger?

SCÈNE VI

LE GREFFIER, PATAPHLARD, A.B.C.

ABC.

Air:
Au greffier je viens rendre,
Un devoir mérité.
    (*il lui donne la main.*)
PATAPHLARD.
Et moi je viens apprendre
Comment va la santé. (*même jeu.*)
LE GREFFIER.
Ma santé, je vous jure,
Ne craint aucun écueil,
J'ai, grâce à la nature,
Toujours bon pied, bon œil.
ABC et PATAPHLARD
J'suis charmé, camarade,
Pour ne vous cacher rien,
Qu'avec un pied malade,
Vous vous portiez si bien.

LE GREFFIER.

Est-ce là tout ce que vous avez à me dire, M. Abc et M. Pataphlard?

ABC.

Non, vous ne savez pas encore tout-à-fait, pourquoi je suis venu.

PATAPHLARD.

Vous ne savez pas absolument pourquoi je viens?

LE GREFFIER.

Non.

ABC.

Nous venons pour savoir si c'est toujours aujourd'hui, que le colonel d'Héricour arrive?

LE GREFFIER.

Oui, pourquoi ?

PATAPHLARD.

On le dit riche, le colonel ?

LE GREFFIER.

Oui... oui.

ABC.

On le dit généreux ?

LE GREFFIER.

Beaucoup. (*à part.*) Auraient-ils la prétention d'être les orateurs ?...

PATAPHLARD.

Je suis bien sûr que les trois personnes que vous choisirez pour complimenter le colonel, ne donneraient pas leur journée pour chacun cinq cent francs ?

LE GREFFIER.

Et puis outre ce cadeau, ils auront sa protection.

ABC.

Et puis d'ailleurs c'est un honneur.

LE GREFFIER.

Eh bien, tant mieux pour ceux que je désignerai...

ABC.

Ah ça, la lettre de la baronne ne dit pas qu'il faille des tous jeunes gens ?

LE GREFFIER.

Non, mais quand on demande ceux qui ont la meilleure tournure, c'est bien dire des jeunes gens.

PATAPHLARD.

Permettez donc.

LE GREFFIER.

Du moins voilà comme je l'entends.

ABC.

En ce cas vous erronnez.

PATAPHLARD.

Oh ! oui, il erronne... parce que nos états nous donnent des droits.

ABC.

J'espère que quand on est à la tête de l'instruction publique, dans un endroit conséquent...

LE GREFFIER.

Je ne dis pas non.

ABC.

Il n'y a qu'à voir les jeunes gens comme je les éduque...

PATAPHLARD

Cependant il y a des enfans qui se plaignent de votre rigueur.

ABC.

Comment ! de ma rigueur.

PATAPHLARD.

Oui, tenez, sans aller plus loin; le fils du maçon, dit, que vous le battez comme plâtre...

ABC.

Bah ! bah ! c'est que j'ai mis mon école sur un très-bon pied.

Air : *Dans ma chaumière*

Ah ! quelle école !
Tout y va bien, et j'en suis fier;
Chacun dit d'un air bénévole,
D'puis qu'on m'a nommé Magister :
Ah ! quelle école !

PATAPHLARD.

Et moi le notaire du village !... Vous connaissez ma réputation...

LE GREFFIER.

Je ne peux pas vous désigner; parce qu'on me prescrit de choisir parmi les villageois.

ABC.

Eh bien ! ne sommes-nous pas nés dans ce village ?

PATAPHLARD.

D'ailleurs l'habit fait tout.

LE GREFFIER, *s'impatientant*.

A la bonne heure... Mais vous conviendrez que Lucas, Blaise et André, ont plus de droits que vous sous le rapport du... des...

ABC.

Eh bien ! vous en choisiriez un d'entr'eux pour faire le troisième.

LE GREFFIER, *toujours impatienté*.

Il faudra toujours que pour vous, je fasse une injustice aux deux autres.

PATAPHLARD, *le prenant à part.*

Voulez vous venir manger ma soupe, nous en causerons.

ABC, *même jeu.*

Vrńez déjeûner chez moi, nous arrangerons ça.

LE GREFFIER, *se radoucissant.*

Je ne demande pas mieux.

PATAPHLARD

J'ai reçu hier, un panier de joli vin de Brie, je viens de vous l'envoyer.

ABC.

Ma servante doit être chez-vous à cette heure, avec un excellent pâté de Pithiviers : ce sont des mauviettes et j'ai pensé tout de suite à votre femme.

LE GREFFIER.

Çà, c'est vrai qu'elle les aime beaucoup.

ABC.

Pataphlard, venez aussi déjeûner chez moi, nous aurons une tête de veau.

PATAPHLARD.

Et moi, je vous attends à dîner.

LE GREFFIER.

C'est charmant! nous allons déjeûner, après le déjeûner je fais ma nomination; je vous désigne, le colonel arrive, nous allons dîner... ça fait que nous ne nous quittons pas.

ABC.

Pardon, si je vous quitte.

Air : *Chez Momus, morgué.* (du Panorama de Momus.)

A mon déjeûner...

PATAPHLARD.

A mon dîner...

TOUS DEUX.

Faut que je pense.
On parle mieux quand
Un vin piquant
Rend éloquent.
Quel joli moment
J'en suis, vraiment,
Charmé d'avance :

À ce bon seigneur,
Nous allons offrir de bon cœur.
Couplets
Bien faits,
Bouquets
Bien frais.   (*bis.*)

ABC, et PATAPHLARD.   **LE GREFFIER.**

A mon déjeûner,   A ce déjeûner,
A mon diner,   A ce diner,
Faut que je pense, etc.   Il faut qu'on pense. etc.

(*A. B. C. et Pataphlard sortent.*)

SENE VII.

LE GREFFIER, *seul.*

Peste ! un panier de vin de Brie et un pâté de mauviettes ! tout ça chez moi.. et chez eux deux bons repas !... On a beau dire, ces hommes-là méritent des égards.. Allons déjeûner...

(*Il va pour sortir.*)

SCENE VIII.

LE GREFFIER, BATIFOLARD.

BATIFOLARD.

Hé ! Greffier !... mon cher Greffier ! monsieur de la Grifformade !...

LE GREFFIER, *revenant.*

Qui m'appelle ? Ah ! c'est vous, M. le Bailli ?

BATIFOLARD.

Si c'est moi, vous le voyez bien... Il y a des gens qui sont tout-à-fait drôles ; ils vous demandent si c'est vous, quand vous êtes là...

LE GREFFIER.

De quoi s'agit-il ?

BATIFOLARD.

Vous savez quelle est l'amitié que je vous voue ?

LE GREFFIER.

Je n'en doute pas.

BATIFOLARD.

Voulez-vous me rendre un service ?

LE GREFFIER.

A l'ancien Bailli du village !... Je suis trop heureux...

BATIFOLARD.

Je ne vous demande pas si vous êtes trop heureux ; je vous demande si vous voulez me rendre un service. Dites oui, M. Batifolard, ou non, M. Batifolard.

LE GREFFIER.

Eh bien ! oui, M. Batifolard.

BATIFOLARD.

Je viens vous parler de la lettre...

LE GREFFIER.

Quelle lettre ?

BATIFOLARD.

Celle que vous avez reçue de la baronne.

LE GREFFIER.

Quelle baronne ?

BATIFOLARD.

Ah, par exemple, celui-la est trop fort... quelle baronne.... si je vous dis : la baronne mère du colonel, vous allez me demander quel colonel ?

LE GREFFIER.

Oh ! j'y suis !

BATIFOLARD.

J'ai des raisons personnelles pour le haranguer... il faut que je le harangue.

LE GREFFIER.

J'en suis désolé, mais j'ai jeté l'œil sur d'autres.

BATIFOLARD (*regardant du côté où il est borgne.*).

Ah, vous avez jeté l'œil.... celui-là probablement..... vous avez mal fait, pourquoi l'avez-vous jeté.

LE GREFFIER.

Parce qu'ils m'ont paru le mériter.

BATIFOLARD.

Le mériter.... et comment ?...

Air : *Vaudeville de l'Avare.*

Nos habitans sont fort honnêtes,
Mais l'esprit manque aux villageois ;
Ils parleraient comme des bêtes
Si vous leur donniez votre voix :
Toute cette foule ignorante
Ne saurait pas dire deux mots,
Et puis qu'enfin ce sont des sots...
Il faut que je les représente.

LE GREFFIER.

que madame la baronne veut des villageois qui ayent..

BATIFOLARD.

Mon dieu, je sais bien ce qu'elle veut; vous m'avez lu sa lettre hier; et c'est pour ça que je me mets sur les rangs; j'ai de quoi avoir l'air villageois tout comme un autre.

LE GREFFIER.

Dame!... je verrai... je tâcherai... c'est tout ce que je peux vous promettre.

BATIFOLARD.

Que c'est vague!... que c'est vague!... promettre de tâcher... qu'est-ce que ça veut dire?... (*à part*) Allons, je vois bien qu'il faut que je me désaisisse de ceci... (*Il laisse entrevoir une bouteille qu'il avait sous son manteau.*)

LE GREFFIER.

Que dites-vous, bailli?....

BATIFOLARD.

J'ai là-dessous un petit hommage pour...

LE GREFFIER.

Comment.... il y a quelque chose là-dessous?... Vous me rendez confus, en vérité....

BATIFOLARD.

Pas du tout.... je suis la marche...

Air : *Du premier pas.*

Sans un présent,
Au refus on s'expose;
On est souvent
Éconduit durement;
Il faut donner pour avoir quelque chose;
Et c'est ainsi qu'on peut gagner sa cause
Pour le présent.

LE GREFFIER.

Il paraît que c'est..

BATIFOLARD.

C'est une bouteille...

LE GREFFIER.

Ah! j'espère, que vous ne croyez pas que l'intérêt...(*Il flaire le bouchon.*) ça ne sent rien.

BATIFOLARD.

C'est ce qui en fait le mérite.

LE GREFFIER.

C'est de l'huile de Vénus?

BATIFOLARD.

Vénus! mieux que ça.

La Cabale. 3

LE GREFFIER.

De la crême de...

BATIFOLARD.

Mieux que ça. D'ailleurs, vous entendez bien que quand on fait un cadeau à quelqu'un, on ne va pas lui dire, c'est ci, c'est ça... Je n'ai pas besoin de vous dire ce que c'est... Tout ce que je puis vous dire, c'est que vous n'en avez jamais bu d'aussi vieille... Si vous en trouvez de plus vieille, vous m'en donnerez des nouvelles.

LE GREFFIER.

A la bonne heure.

BATIFOLARD.

Eh bien ! haranguerai-je ?

LE GREFFIER.

Je vais déjeûner chez le Magister et je dîne chez le Tabellion.

BATIFOLARD.

Et vous soupez chez moi.

LE GREFFIER.

C'est ça, vous ferez le troisième.

BATIFOLARD, à part.

J'étais sûr que je haranguerais.

LE GREFFIER.

Adieu, à tantôt.

BATIFOLARD.

Vous verrez comme je serai mis, mon ami.

SCENE IX.

BATIFOLARD, seul.

J'étais sûr que je haranguerais... Pensons un peu à notre discours, j'y peindrai la simplicité de nos mœurs, la douce médiocrité qui fait notre bonheur; les charmes de cette médiocrité, les avantages qui résultent de cette même médiocrité.... Enfin je veux que tout mon discours respire la médiocrité.... Voyons, supposons que le colonel soit là.... Mon colonel, vous êtes un capitaine... non, c'est trop haut.. Colonel, vous êtes... c'est trop bas... il faut prendre ça en fausset... Colonel, les mœurs de ces habitans, vous peignent... Je n'aime pas, *vous peignent*. Vous dépeignent... dépeignent... J'aime mieux vous dépeignent. Vous dépeignent leurs vertus patriarchales.... Et puis je lui parlerai de nos plaines, de nos moissons, de nos charrues, de nos bœufs.... c'est-à-dire, de nos bœufs, de nos charrues; je mettais la charrue devant les bœufs... Enfin de nos travaux généralement quelconques, si bien qu'il trouvera, dans mes peintures, la miniature de la nature.

SCENE X.

BATIFOLARD, LUCAS, BLAISE, ANDRÉ, Villageois et Villageoises.

CHOEUR.

Air · *D'Alexis et Justine.*

Voici l'instant où nous devons apprendre
Lesquels de nous pourront se faire entendre,
Pour bien chanter,
Pour bien feter
Le fils de not' maitresse;
N' faut pas d'esprit,
Car il suffit
De peindre not' ivresse;
L'esprit du cœur
Est toujours le meilleur.

BATIFOLARD.

Il paraît, jeunes-gens, que c'est vous qui prétendez entrer en lice?

ANDRÉ, *surpris.*

En lice.

BATIFOLARD, *à part.*

Mais je réfléchis qu'ils n'entendent pas ce mot-là; c'est comme si je leur parlais une langue orientale....

LUCAS *à Blaise et à André.*

Ah ça, mes amis, n'oublions pas nos conventions pour Suzette.

SCÈNE XI.

Les Mêmes, ABC, PATAPHLARD, LE GREFFIER.

BLAISE.

Ah! v'là M. le greffier! v'là M. le greffier!

BATIFOLARD.

Silence, mes amis.

LE GREFFIER.

Oui, silence, quand vous me voyez; toujours silence..... honnêtes garçons et honnêtes filles, vous savez... c'est-à-dire, vous n'ignorez pas... vous savez pourquoi... pour quel motif... motif... on vous rassemble... ensemble...

BATIFOLARD.

C'est étonnant avec quelle facilité il parle en public....

LE GREFFIER.

Voyons, rangez-vous.

ABC.

Qu'il nous voie tous tout de suite.

PATAPHLARD.

Et d'un seul coup-d'œil.

LE GREFFIER.

Air : *D'Azémia.*

Mettez-vous tous sur une ligne
Afin que j'accorde au plus digne,
L'honneur
Insigne
D'être orateur.

TOUS

Mettons-nous tous sur une ligne
Afin qu'il accorde au plus digne, etc.

(*Pendant ce chœur le greffier les examine.*)

LE GREFFIER *après l'examen.*

(*A quelques-uns.*) Pas de tournure... (*à quelques autres.*) Tournure équivoque. (*à d'autres.*) C'est une tournure, mais c'est une petite tournure... (*Il fait des signes de protection à Batifolard, ABC. et Pataphlard, et dit ensuite.*) c'est bien : cela étant, laissez-moi me recueillir un instant.... (*il réfléchit et chante ensuite.*)

Air : *Voulant par ses œuvres complettes.*

C'est dit... pour porter la parole...
Je choisis... d'abord Pataphard...   (*Il sort des rangs.*)
ABC, le maître d'école,   (*Idem.*)
Et... le bailli Batifolard.   (*Idem.*)

TOUT LE MONDE.

Ah!! ah! ah!.... (*On murmure.*)

LE GREFFIER.

Mais quelles plaintes sont les vôtres;
J'étais bien loin de calculer,
Quand j'ordonne aux uns de parler,
Que je ferais crier les autres.

ANDRÉ,

Les trois plus vieux de l'endroit.

LUCAS.

Laisse donc, tu ne vois pas qu'il y a de là manigance.

CHOEUR.

Air : *Comme ça vient.*

Ah ! mon dieu ! qu' c'est injuste!
Ce choix f'ra naître des débats !

LUCAS.

Mes amis, faut être juste ;
Conv'nons que l' greffier ne l'est pas.

LE GREFFIER.

Vos murmures me font rire :
Vous trois que j'ai préférés,
Venez, je vais vous instruire
De tout ce que vous ferez.

TOUS.

Ah ! mon dieu, etc.

BATIFOLARD, PATAPHLARD et A. B. C.

Vous trouvez qu' c'est injuste
Ce choix fait naître vos débats ;
Pourquoi n'est-il pas juste,
C'est que l'on ne vous choisit pas.

(*Batifolard, Pataphlard, ABC, et le Greffier sortent.*)

LUCAS (*à tout le village*).

Il me vient un' bonne idée,
Suivez-moi tout près d'ici,
C'est un' chose ben décidée,
Faut que l' greffier soit puni.
Que ce choix trop injuste
N'excite donc plus nos débats;
C' colonel sera juste,
Lorsque le juge ne l'est pas.

(*Tout le village sort en répétant le refrein*)

SCENE XII.

LE COLONEL seul.

Voilà donc le village où est situé le château de ma mère !... Je sais qu'elle avait écrit pour que l'on me fît une belle réception; mais, pour qu'elle fût au moins différée, j'ai mieux aimé venir *incognita*, et j'ai laissé mes gens à une demi-heure d'ici. Grâce à cette précaution, j'ai déjà causé avec quelques habitans. J'ai découvert que, même au village, l'intrigue n'est pas sans pouvoir, et que, dans un certain déjeûner, le vertueux greffier s'est laissé séduire : enfin j'en ai plus appris dans un quart-d'heure qu'on ne m'en aurait dit en un mois. Mais d'où vient ce bruit ?.... Ah! je savais bien que je ne pourrais pas échapper aux honneurs qu'on me destine.... Ces braves gens sont si reconnaissans des bontés de ma mère....

Air : *Du bal tantôt sans vous connaître.*
(*D'une Soirée de Carnaval.*)

J'ai quelque richesse en partage,
Mais sans bonté le rang n'est rien ;
Et je veux à tout le village
Aujourd'hui faire un peu de bien.
J'y mettrai mon bonheur, ma gloire;
Si l'on me voit agir ainsi,
C'est que je veux lui faire croire
Que ma mère est encore ici.

SCENE XIII.

LE COLONEL, LE GREFFIER, Villageois et Villageoises. (*Ils ont tous un bouquet à la main.*)

LE GREFFIER.

Le voici.... Allons, chantez tous, et en mesure si vous pouvez.

TOUS.

Air : *Honneur! honneur!*

Honneur ! honneur !
Au brave militaire
Dont la valeur
Le rend toujours vainqueur.

LE GREFFIER.

Être obligeant
Est sa vertu première ;
C'est qu'un enfant
Hérite de sa mère.
Mais c't enfant-là
Nous servira de père ;
J'sens qu'euqu' chos' là
Qui vient m'assurer d'ça.

TOUS.

Honneur ! honneur !

LE GREFFIER.

Pardon, M. le colonel, si nous ne vous avons pas reçu à la porte.... à la porte du village.... c'est que vous êtes venu sans suite.... et ensuite vous avez voulu nous surprendre, ce qui nous a beaucoup surpris...

LE COLONEL.

Je vous remercie, vous, et tous ces braves gens ; mais j'ai préféré arriver *incognito*.

LE GREFFIER.

Permettez au moins que les trois garçons que j'ai désignés vous présentent les vœux de tout le village.

LE COLONEL.

Je les entendrai avec plaisir.

LE GREFFIER.

Je les entends... Venez, messieurs....

(Les trois vieux déguisés en Colins arrivent sur la ritournelle de l'air suivant, qui donne au Public le tems d'examiner leur caricature ; après la ritournelle, le greffier dit en les montrant :

Voilà les trois garçons les mieux tournés de l'endroit.

SCÈNE XIV.

Les Mêmes, BATIFOLARD, PATAPHLARD, ABC
(*tous trois travestis en Colin.*)

LES TROIS VIEUX.

Air :

Nous voilà, nous voilà, puisque l'on desire
Des garçons d'esprit,
Et par leurs talens en crédit ;
Nous voilà, nous voilà ; nous allons vous dire
En fait d' compliment
Ce qu'il y a d' mieux pour le moment.

LE COLONEL.

Je vois bien que vous ne vous exprimez pas comme tout le monde.

ABC.

Qu'il est honnête !

LE COLONEL.

Allons, voyons, parlez.

BATIFOLARD.

Avant de parler, j'ai quelque chose à vous dire.

Air : *Des Chasseurs et la Laitière.*

C'est au nom de tout le village
Que nous vous nommons son appui ;
C'est au nom de tout le village
Que nous vous fêtons aujourd'hui.
Choisis au nom de tout l' village,
Si nous disons, par accident,
Quelque bêtise en vous parlant,
C'est au nom de tout le village.

LE COLONEL.

C'est convenu.

BATIFOLARD à *Pataphlard*, et à *Abc.*

Allons soufflez-moi, et sur-tout de l'assurance; n'allons pas chanter ça sur l'air des trembleurs.

Air : *Un bandeau.*
Je
ABC *soufflant Pataphlard.*
Ne
PATAPHLARD *soufflant Batifolard.*
Ne
BATIFOLARD.
Ne
ABC., *même jeu.*
Vien
PATAPHLARD.
Vien
BATIFOLARD.
Vien
Que pour
ABC.
le
PATAPHLHRD.
le
BATIFOLARD.
le
ABC.
bien
PATAPHLARD.
bien
BATIFOLARD.
bien
De toute la commune.
C'est
ABC.
pour
PATAPHLARD.
pour
BATIFOLARD.
pour
ABC.
vous
PATAPHLARD.
vous
BATIFOLARD.
vous

A B C.
et pour
PATAPHLARD.
pour
BATIFOLARD.
pour
A B C.
nous
PATAPHLARD.
nous
BATIFOLARD.
nous
une bonne fortune.

LE COLONEL *(les interrompant)*.

J'applaudis bien franchement
A ce compliment
Vraiement éloquent,
Et votre voix, en le chantant,
Se marie admirablement.

LES TROIS.

Recommençons.

Je etc.

LE COLONEL.

Allons messieurs, je suis satisfait, en voilà bien assez.

BATIFOLARD.

A la bonne heure.

PATAPHLARD.

Nous n'en dirons pas plus long.

LE COLONEL.

Messieurs, je suis très-sensible aux expressions de vos sentimens, et je veux les récompenser.

LES TROIS VIEUX, *joyeux*.

Ah! M. le Colonel!

LE COLONEL, *à part*.

Je vois que ce que l'on m'a dit en arrivant est vrai; il y a eu de l'intrigue : (*haut*) oui, messieurs, je veux reconnaître votre zèle, votre empressement.... je vous donne,

LES TROIS VIEUX, *joyeux*.

Quel bonheur!...

LE COLONEL.

Je vous donne à chacun un uniforme complet, et je vous engage dans mon régiment.

La Cabale. 4

LES TROIS VIEUX.

Ah! mon dieu!...

LE COLONEL.

Il n'y a pas de tems à perdre; il faut que nous partions sous dix jours.

BATIFOLARD.

M. le Colonel est bien bon... mais...

PATAFLARD.

Nous ne pouvons...

ABC.

A notre âge...

LE COLONEL.

Comment à votre âge, ce n'est pas ce que vous disiez tout-à-l'heure; mais d'ailleurs votre âge n'est point un obstacle.

Air : *A cinquante ans*, (*du Diner de Madelon*).

Sachez que les soldats habiles
Des ans ne sentent point le poids;
Bien des Nestor sont des Achilles :
Mars ne compte que les exploits.
Le tems, si redoutable aux belles,
N'est jamais l'effroi des guerriers,
Et s'il fane les fleurs nouvelles,
Il embellit les vieux lauriers.

BATIFOLARD.

Je sais bien... mais je ne sais pas...

LE COLONEL.

Commment reconnaître l'honneur que je vous fais?... je le crois bien : faites attention que vous entrez dans un régiment de dragons.

BATIFOLARD.

C'est très-possible.

PATAPHLARD.

Je ne crois pas que nous ayons la taille.

ABC.

Je n'ai que deux pouces.

LE COLONEL.

Il serait bien étonnant que les trois garçons les mieux tournés du pays, ne pussent point faire trois dragons.

BATIFOLARD *aux deux autres*.

Dites donc, nous voyez-vous dans les dragons?

PAT-APHLARD.

Je pourrais, tout au plus, être dans les vétérans.

ABC.

Et moi anx invalides.

SCENE XVIII ET DERNIERE.

Les Mêmes, LUCAS, BLAISE, ANDRE, *(tous trois en dragons de l'uniforme du colonel ; en ce moment Suzette entre et se confond avec les jeunes Personnes du village.)*

TOUS TROIS.

Air : *De l'intrigue hussarde.*

Dès qu'il faut combattre
Ils tremblent comm' quatre :
Mais enrôlez-nous ;
O vous que l'honneur accompagne
Permettez-nous d' faire avec vous
Une campagne.

ANDRÉ.

Comm' nous lorsqu'on s' sent animer,
Faut bien peu d' tems pour se former.

LUCAS.

Commençons, quand la gloir' l'ordonne,
Not' première campagn' dès ce jour.

BLAISE.

Et pour être plutôt de retour
Nous la ferons courte et bonne.

LE COLONEL.

Quels sont ces jeunes gens ?

UN PAYSAN.

Les trois plus jolis garçons du village.

LE COLONEL *avec ironie.*

Après ces messieurs. (*Il montre les trois vieux.*)

ABC.

Trop honnête certainement.

LUCAS.

V'là c'que c'est, mon colonel ; d'après la lettre de madame la baronne, comme les plus jeunes d'ici, nous pensions avoir l'honneur de fêter votre arrivée ; voyant qu'on nous refusait, nou avons voulu prendre du service dans votre régiment pour nous rapprocher d' vous en dépit de l'intrigue.

LE COLONEL.

C'est bien, jeunes gens.

LUCAS, à *Suzette*.

Avance donc Suzette. (*Suzette offre un bouquet au Colonel et se retire.*)

LE COLONEL.

Quelle est cette jeune personne.

LUCAS.

Une orpheline bien aimable et qui n'est pas heureuse.

Air: *De Jeannette.*

Suzette a de l'esprit;
Elle est gentille et sage;
Chacun dans le village
La plaint et la chérit:
Elle est, quoique parfaite,
Sans protecteur, sans bien,
Devenez le soutien
De la pauvre Suzette;
Car, vous le voyez bien,
Elle a tout et n'a rien.

LE COLONEL.

Approchez Suzette.

SUZETTE.

Me voilà monsieur.

LE COLONEL.

Ne tremblez pas.

RATIFOLARD.

Si elle peut, car elle est dans l'âge de la timide sensibilité.

LE COLONEL.

Ces trois jeunes gens se sont enrôlés dans mon régiment par amitié pour moi; je me charge de leur avancement. Mais je dois quelque chose de plus à Lucas :

SUZETTE.

Tout ce que vous ferez sera bien fait.

LE COLONEL.

Répondez avec franchise :

Air: *Nouveau (de Tourterelle.)*

On dit que Lucas vous aime ?
SUZETTE (*avec une révérence.*)
Oui monsieur l'Colonel.

LE COLONEL.
Que vous l'aimez de même ?
SUZETTE (*idem*).
Oui monsieur l'Colonel.

LE COLONEL.
Vous êtes sans fortune ?
SUZETTE (*idem.*)
Oui monsieur l'Colonel.

LE COLONEL.
Je vous en promets une ;
SUZETTE (*idem.*)
Oui monsieur l'Colonel.

LE COLONEL.
Épousez ce bon drille ?
SUZETTE (*idem.*)
Oui monsieur l'Colonel.

LE COLONEL.
Et qu'une nombreuse famille......
SUZETTE (*avec une grande révérence.*)
Oui monsieur l'Colonel.

LE COLONEL.

Quant à vous, Greffier, vous mériteriez de perdre votre place....

BATIFOLARD.

Si M. le Colonel me le permettait, je lui ferais une légère observation.

LE COLONEL.

Laquelle ?

LE GREFFIER *à Batifolard.*

Oui, parlez pour moi.

BATIFOLARD.

Soyez tranquille.... Il est un peu borné c'est vrai, mais un autre serait peut-être encore pis ; il faut prendre garde de changer son cheval borgne contre un aveugle.

LE COLONEL *aux trois vieux.*

Pour vous ! messieurs....

ABC.

Ne nous achevez pas.

LE COLONEL.

Soyez tranquilles, je vous dégage.

BATIFOLARD.

A vous dire le vrai, je vous y engage.

VAUDEVILLE.

Air : *Le fond du verre, (de Darondeau.)*

LE GREFFIER.

L'amour, l'hymen, sont désunis ;
Chacun intrigue à sa manière ;
Ce sont deux frères ennemis
Qui se sont déclarés la guerre.

SUZETTE.

L'hymen est le plus mal-traité,
C'est que la lutte est inégale :
Il est tout seul de son côté,   (*bis.*)
L'amour a par-tout sa cabale.

LUCAS.

Dans le nouvel état que j'prends,
C'est vainement qu'on sollicite ;

BLAISE.

Le courage marque les rangs ;

ANDRÉ.

Le protecteur c'est le mérite.

LE COLONEL.

L'intrigue chaque jour apprend,
Par mainte disgrace fatale.
Que sur ce théâtre brillant   (*bis.*)
La gloire chasse la cabale.

ABC.

Aujourd'hui, plus d'un embrion,
A table est proclamé poète.
Plus d'une réputation
Ne se fait plus qu'à la fourchette.

PATAPHLARD.

L'appétit supplée au talent ;
Aussi, sans crainte de scandale,
Le chef de cuisine, souvent,
Est le premier chef de cabale.

RATIFOLARD (*au public.*)

La cabale nuit aux auteurs,
Et par indulgence, au parterre,
On crie : *à bas les Cabaleurs.*
Qu'aujourd'hui ce soit le contraire :
Daignez, messieurs, d'un mauvais pas
Nous sauver à tous le scandale ;
Songez que l'ouvrage est à-bas (*bis.*)
Si l'on crie : *à-bas la Cabale.*

FIN.

PQ   Simonnin, Antoine Jean
2428   Baptiste
S72C3   La cabale au village

PLEASE DO NOT REMOVE
CARDS OR SLIPS FROM THIS POCKET

UNIVERSITY OF TORONTO LIBRARY

CPSIA information can be obtained
at www.ICGtesting.com
Printed in the USA
LVHW021251071118
596294LV00004B/649